Analizando la Enseñanza del Trabajo en Esdras, Nehemías y Ester: Una Mirada al Pasado para Orientar nuestras Futuras Labores

La Enseñanza del Trabajo en la Biblia, Volume 9

Sermones Bíblicos

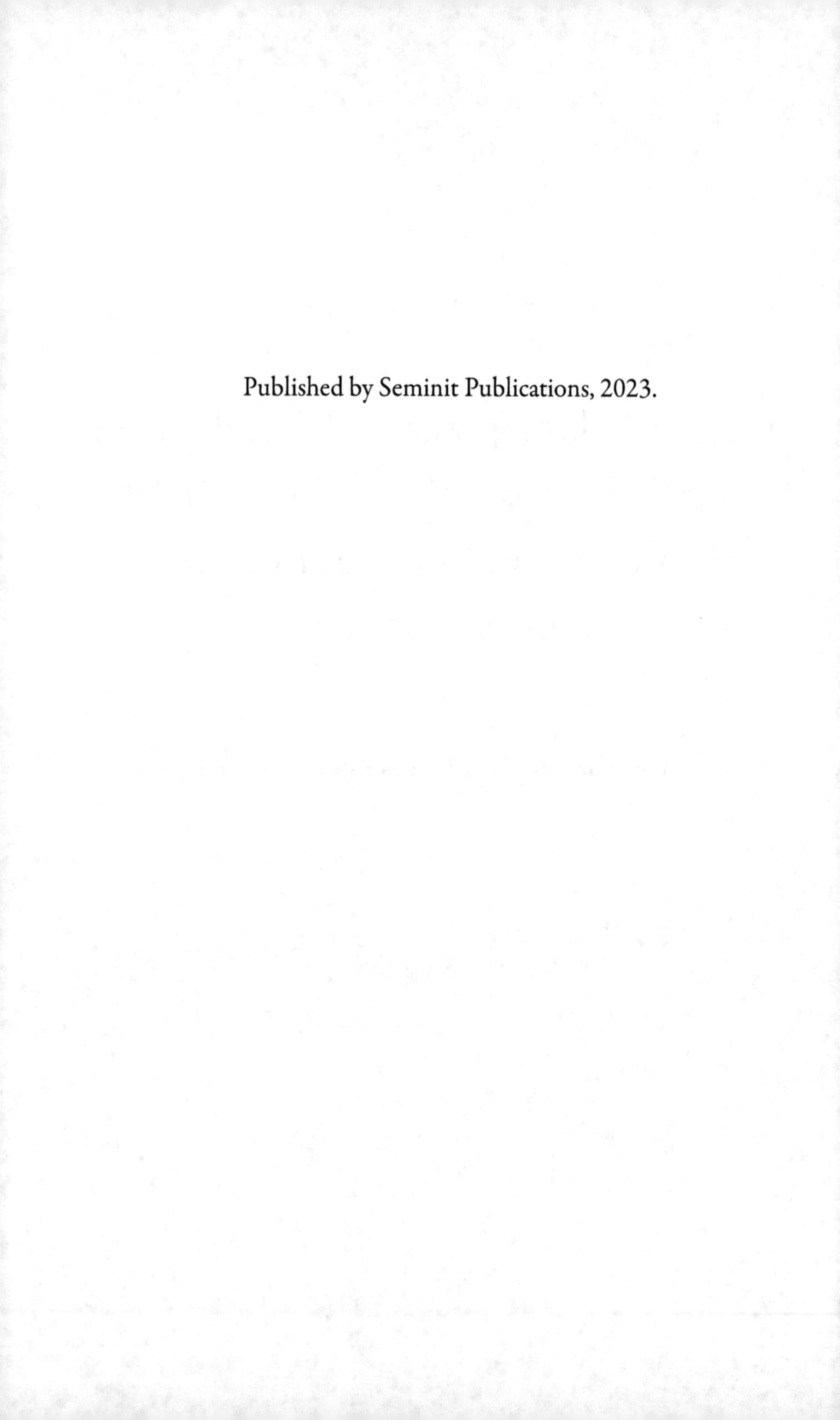

Published by Seminit Publications, 2023.

ANALIZANDO LA ENSEÑANZA DEL TRABAJO EN ESDRAS, NEHEMÍAS Y ESTER: UNA MIRADA AL PASADO PARA ORIENTAR NUESTRAS FUTURAS LABORES

First edition. March 6, 2023.

Written by Sermones Bíblicos.

Tabla de Contenido

"Doy mi testimonio de que los peores días que he tenido han resultado ser mis mejores días. Y cuando Dios me ha parecido más cruel, ha sido más amable. Si hay algo en este mundo por lo cual lo bendeciría más que por cualquier otra cosa es por el dolor y la aflicción. Estoy seguro de que en estas cosas se me ha manifestado el amor más rico y tierno. Los carros de nuestro Padre retumban con más fuerza cuando nos traen la carga más rica de los lingotes de su gracia. Las cartas de amor del cielo a menudo se envían en sobres con bordes negros. La nube que es negra con horror es grande con misericordia. No temas a la tormenta. Trae sanidad en sus alas y cuando Jesús está contigo en el barco, la tempestad solo acelera el barco hacia el puerto deseado".

—Charles H. Spurgeon

Introducción a los Libros Esdras, Nehemías y Ester

La mayoría de los cristianos encuentran que su fe no es apoyada en el lugar de trabajo. En general, hay un espacio muy limitado para la acción y el testimonio cristianos explícitos. Algunos de estos límites pueden ser apropiados en una sociedad pluralista, pero pueden hacer que el lugar de trabajo sea extraño para los cristianos. Además, los trabajadores pueden sentir presión para violar explícita o implícitamente los requisitos morales de las normas bíblicas. Los libros de Esdras, Nehemías y Ester describen lo que significa para el pueblo de Dios trabajar donde no son bienvenidos. Estos muestran al pueblo de Dios en trabajos que van desde la construcción hasta la política y el entretenimiento, siempre en ambientes que se oponen abiertamente a los valores y planes de Dios. Aun así, en el camino han recibido una ayuda asombrosa de parte de incrédulos que ocupan los más altos cargos del poder civil. Claramente, aun cuando enfrentan situaciones extremadamente difíciles y decisiones con las que no siempre están de acuerdo, el poder de Dios se muestra en lugares asombrosos para el bien de su pueblo.

Esdras tiene que considerar si confiar en un gobernador incrédulo para proteger a los judíos mientras regresan a Jerusalén y comienzan a reconstruir el Templo. También tuvo que encontrar apoyo financiero en el corrupto sistema económico del Imperio Persa mientras permanecía fiel a las leyes de integridad económica de Dios. Nehemías tuvo que reconstruir los muros de Jerusalén, lo que requirió fe en Dios y acción práctica. Debe guiar las motivaciones de las personas del altruismo a la codicia para que puedan superar los intereses en conflicto y trabajar hacia una meta común. Ester tuvo que sobrevivir a la opresión de las mujeres y una conspiración mortal dentro de la familia real persa cuando estaba lista para arriesgarlo todo para salvar a su pueblo del genocidio. Nuestros títulos e instituciones han cambiado desde entonces, pero nuestro lugar de trabajo actual tiene mucho en común con el lugar donde trabajaron Esdras, Nehemías y Esther, para bien o para mal. Las situaciones, los desafíos y las elecciones de la vida real en estos libros bíblicos nos ayudan a desarrollar una teología del trabajo que es relevante para la vida cotidiana.

Libros Esdras y Nehemías

587 *a. C.* Los babilonios conquistaron Jerusalén bajo el rey Nabucodonosor. Allí mataron a los líderes de Judá, saquearon el Templo y luego lo destruyeron junto con la mayor parte de la ciudad y sus murallas, y se llevaron a los ciudadanos más prominentes de Jerusalén. Estos judíos vivieron en el exilio durante décadas, esperando que Dios los rescatara y restaurara a Israel. Sus esperanzas se hicieron más fuertes en el año 539 d. C. Persia derrotó a Babilonia bajo el rey Ciro. Poco después, Ciro emitió un decreto invitando a los judíos de su reino a regresar a Jerusalén para reconstruir el Templo, reconstruyendo así sus vidas como pueblo de Dios (**Esdras 1:1-4**).

Esdras y Nehemías fueron originalmente dos partes de una obra, que cuentan aspectos clave de esta historia reconstruida, comenzando con el decreto de Ciro en 539 a. C. Sin embargo, su propósito no es simplemente describir algo que sucedió hace mucho tiempo por curiosidad histórica. En cambio, Esdras y Nehemías usan eventos históricos para ilustrar el tema de la restauración. Estos libros muestran cómo Dios una vez restauró a Su pueblo y cómo Su pueblo desempeñó un papel central en esta obra de renovación. Se desconocen los autores de Esdras y Nehemías, pero probablemente fueron escritos en el siglo IV a. C. Animar a los judíos a vivir fielmente incluso bajo la dominación extranjera para que puedan participar en la obra de restauración presente y futura de Dios.

Esdras y Nehemías son libros muy teológicos, aunque no tratan directamente de la teología del trabajo. No incluyen órdenes legales ni visiones proféticas relacionadas con nuestro trabajo diario. Sin embargo, el arduo trabajo descrito en Esdras y Nehemías coloca implícitamente el trabajo dentro de un marco teológico. De modo que, bajo la superficie de estos libros, encontraremos un terreno fértil para una *enseñanza del trabajo*. En particular, Esdras y Nehemías están llamados a restaurar el reino de Dios (Israel) en un ambiente en parte hostil y en parte de apoyo. El lugar de trabajo de hoy también es en parte hostil y en parte a favor de la obra de Dios, lo que nos anima a entender cómo nuestro trabajo puede ayudar a construir el reino de Dios en el mundo de hoy.

Ester

El libro de Ester cuenta un extraño episodio que tuvo lugar durante el período descrito en Esdras y Nehemías. No se enfoca en la restauración de Jerusalén, sino en los eventos en Persia durante el reinado de Asuero (conocido por su nombre griego Jerjes) como rey (485-465 a). Ester registra el origen de la fiesta judía de Purim. El autor desconocido del libro escribió, en parte, para explicar y alentar la celebración de este día nacional (*ver* **Ester 9:20-28**). Su principal preocupación fue estudiar cómo los judíos sobrevivieron e incluso prosperaron como exiliados en una tierra pagana y, a menudo, hostil.

A diferencia de Esdras y Nehemías, Ester no es un libro específicamente teológico. De hecho, nunca se menciona a Dios. Aun así, ningún lector devoto y fiel podría dejar de ver la mano de Dios detrás de los acontecimientos de este libro. Esto invita a los lectores a considerar cómo obra Dios en el mundo, aunque los que no tienen ojos para ver no lo noten.

Esdras

Rescatando el Templo: Un Camino hacia la Renovación (Esdras 1:1-6:22)

———

El libro de Esdras comienza con la orden del rey persa Ciro que permite a los judíos regresar a Jerusalén para reconstruir el templo destruido por los babilonios en el 587 a. C. (**Esdras 1:2-4**). El preámbulo del decreto especifica la fecha del anuncio: "el primer año de Ciro, rey de Persia" (539-538 a. C., poco después de que Persia derrotara a Babilonia). También nos introduce a uno de los temas de Esdras y Nehemías: la relación entre la obra divina y la obra humana. Ciro declaró que *"era para que se cumpliera lo que Jehová había dicho por boca de Jeremías"* porque *"Jehová tocó el corazón de Ciro rey de Persia"* (**Esdras 1:1**). Ciro estaba cumpliendo con sus deberes como rey, persiguiendo sus propósitos personales e institucionales, pero fue el resultado de la obra de Dios en él, que favoreció los propios propósitos de Dios. En el primer verso de Esdras, sentimos que Dios tiene el control, aunque elige llevar a cabo su voluntad a través de humanos, incluso reyes paganos.

Actualmente, los cristianos en su lugar de trabajo también creen que Dios está actuando a través de las decisiones y acciones de personas e instituciones no creyentes. Ciro fue el instrumento elegido por Dios, ya sea que el mismo Ciro lo reconozca o no. Asimismo, las acciones de nuestros jefes, colegas, clientes y proveedores, competidores, reguladores o muchos otros actores pueden estar haciendo avanzar la obra del reino de Dios sin que ellos o nosotros nos demos cuenta. Esto debería salvarnos de caer en la desesperación y la arrogancia. Si nuestros lugares de trabajo parecen desprovistos de personas y valores cristianos, no nos desesperemos, Dios seguirá trabajando. Por otro lado, si trata de verse a sí mismo o su organización como un modelo de virtud cristiana, ¡cuidado! Dios puede lograr más a través de aquellos cuya conexión con Él es menos obvia de lo que imaginas. El hecho de que la obra de Dios a través de Ciro, quien sigue siendo rico, poderoso e incrédulo incluso cuando muchos de los ciudadanos de Dios se están recuperando lentamente de la pobreza y el exilio, debería advertirnos que no contemos con la riqueza y el poder como un medio para nosotros. trabajar. Dios está usando todas las cosas para trabajar por su reino, no necesariamente para nuestra victoria personal.

Muchos judíos se beneficiaron del decreto de Ciro y la obra de Dios continuó. "Todos los que son movidos por Dios" se preparan para regresar a Jerusalén (**Esdras 1:5**). Cuando llegaron a Jerusalén, su primer trabajo fue construir un altar y ofrecer sacrificios allí (**Esdras 3:1-3**). Esto resume los principales tipos de trabajo registrados en Esdras y Nehemías que están estrechamente relacionados con las prácticas de sacrificio del judaísmo del Antiguo Testamento en el Templo. El trabajo descrito en estos libros refleja y apoya la centralidad del templo y sus ofrendas para la vida del pueblo de Dios. La adoración y el trabajo van de la mano en las páginas de Esdras y Nehemías.

Dado que Esdras se estaba concentrando en reconstruir el Templo, se menciona el trabajo de la gente cuando se relaciona con ese trabajo. Por lo tanto, la lista de los que regresan a Israel enumera específicamente *"sacerdotes y levitas... los cantores, los porteros y los sirvientes del templo"* (**Esdras 2:70**). El texto menciona *"albañiles y carpinteros"* porque eran necesarios para la obra de construcción (**Esdras 3:7**). Aquellos con habilidades que no podrían haber sido empleadas directamente en el Templo contribuyeron a esta tarea a través de los frutos de su trabajo, a través de *"ofrendas voluntarias"* (**Esdras 2:68**). Por eso, en cierto sentido, todas las personas están trabajando para reconstruir el templo porque han contribuido de una forma u otra. El libro de Esdras identifica a otros líderes políticos además de Ciro, ya sea positiva o negativamente, según su influencia en las obras de construcción. Por ejemplo, a Zorobabel se le llama líder porque era el gobernador de la región y supervisó la reconstrucción del templo (**Hageo 1:1**). Esdras menciona a *"Lihón el Mariscal y Sisai el Escriba"*, dos oficiales militares que escribieron una carta oponiéndose a la reconstrucción del Templo (**Esdras 4:8-10**). También aparecen otros reyes y funcionarios según su relevancia para el proyecto de reconstrucción.

El proyecto se trata de templos, pero sería un error pensar que Dios bendice las habilidades técnicas y el trabajo material solo cuando se dedican a fines religiosos. La visión de Esdras era reconstruir toda la ciudad de Jerusalén (**Esdras 4:13**), no solo el templo. Nos ocuparemos de esto más adelante cuando estudiemos a Nehemías, quien trabajaba fuera del templo.

Esdras describe varios esfuerzos para obstaculizar la construcción (**Esdras 4:1-23**). Estos fueron satisfactorios por un tiempo, y la obra del templo cesó por casi dos décadas (**Esdras 4:24**). Finalmente, Dios animó a los judíos a continuar y terminar la obra a través de las profecías de Hageo y Zacarías (**Esdras 5:1**). Además, el rey Darío de Persia apoyó económicamente el proyecto de construcción, con la esperanza de que Dios lo bendijera a él y a sus hijos (Esdras 6:8-10). Así, cuando Dios *"hizo volver hacia ellos el corazón del rey de Asiria y los animó [a los judíos] a construir el templo de Dios"*, el templo finalmente se completó (**Esdras 6:22**).

Como indica este versículo, el trabajo de reconstrucción del templo fue realizado por los judíos, pero su trabajo fue fructífero gracias a la ayuda de dos reyes paganos, uno que inauguró las obras y el otro que terminó la obra. Detrás de estos esfuerzos humanos estaba la obra soberana de Dios, que tocó el corazón de los reyes y animó a su pueblo a través de sus profetas. Como hemos visto, Dios hace mucho más de lo que su pueblo puede ver.

Edificando una Nueva Vida con Esdras: Una Mirada al Pacto, Parte Uno (Esdras 7:1-10:44)

Curiosamente, Esdras no aparece en el libro que lleva su nombre hasta el **Capítulo 7**. El erudito, sacerdote y maestro de la ley, llegó a Jerusalén con la bendición del rey persa Artajerjes casi cincuenta años después de la reconstrucción del templo. Su tarea era ofrecer sacrificios en el templo en nombre del rey y establecer la ley de Dios en Judá enseñando y nombrando líderes para guardar la ley (**Esdras 7:25-26**).

Esdras no usó la buena suerte para explicar el favor del rey. En cambio, le da crédito a Dios "con el corazón del rey" por enviarlo a Jerusalén (**Esdras 7:27**). Esdras se "*fortaleció*" y actuó por orden del rey porque, como él dijo, "*la mano del Señor mi Dios estaba sobre mí*" (**Esdras 7:28**). La expresión de la mano de Dios sobre alguien es una de las expresiones favoritas de Esdras y aparece seis de ocho veces a lo largo de la Biblia (**Esdras 7:6, 9, 28; 8:18, 22, 31**). La obra de Dios en ya través de Esdras explica el triunfo de su plan.

La fe de Esdras en la ayuda de Dios se pone a prueba cuando su séquito viaja de Babilonia a Jerusalén. "*Me avergüenzo*", explicó Esdras, "de pedir al rey el ejército y la caballería para protegernos de los enemigos en nuestro camino, porque hemos dicho al rey que la mano de nuestro Dios es buena para todos los que lo buscan, sino su poder y su ira contra todos los que lo abandonan" (**Esdras 8:22**). Para Esdras, confiar en el séquito real significaba una falta de confianza en la protección de Dios, por lo que él y su séquito ayunaron y oraron en lugar de buscar la ayuda real del rey (**Esdras 8:23**). Nota: *Cuando Esdras decidió no aceptar la protección real, no estaba obedeciendo ninguna ley específica del Antiguo Testamento.*

En cambio, sus decisiones reflejan su creencia personal en lo que significa confiar en Dios durante el verdadero desafío del liderazgo. En este caso, uno podría pensar en Esdras como un "*creyente idealista*" porque estaba dispuesto a arriesgar su vida basado en la idea de la protección de Dios, en lugar de la ayuda humana para garantizar su protección. Como veremos más adelante, la posición de Esdras no es la única que los líderes piadosos encuentran razonable en los libros de Esdras y Nehemías.

La estrategia de Esdras funcionó. Él declara: "*La mano de nuestro Dios está sobre nosotros para librarnos de la mano de nuestros enemigos y de las emboscadas en nuestro camino*" (**Esdras 8:31**). Sin embargo, no sabemos si el séquito de Esdras llevaba armas o las usaba para protegerse. El texto parece indicar que Esdras y los demás completaron su viaje sin incidentes que los pusieran en peligro. El libro de Esdras muestra nuevamente que cuando Dios obra en el hombre, los esfuerzos humanos dan fruto.

Los últimos dos capítulos de Esdras se enfocan en el tema del matrimonio entre judíos y gentiles. Aquí no se muestra la cuestión del trabajo, salvo en el caso de Esdras, que ejerce su liderazgo con fidelidad a la ley, constancia y oración.

Nehemías

Reconstruyendo los cimientos de Jerusalén: La restauración de la Muralla de la Ciudad Santa (Nehemías 1:1 - 7:73)

El primer capítulo del libro presenta a Nehemías como residente de Susa, la capital del Imperio Persa. Nehemías dijo que cuando supo que los muros de Jerusalén aún estaban en ruinas más de medio siglo después de que se reconstruyó el templo, *"me senté y lloré"*, ayunando y orando a Dios (**Nehemías 1:4**).

Explorando la Fusión de lo Sagrado y lo Secular (Nehemías 1:1 - 1:10)

———

La relación entre el templo y las murallas de la ciudad tiene implicaciones importantes para la teología del trabajo. Un templo puede parecer una institución religiosa, mientras que un muro es una institución secular. Sin embargo, Dios guió a Nehemías a trabajar en la pared tanto como guió a Esdras a trabajar en el templo. Tanto lo sagrado como lo secular eran necesarios para el cumplimiento del plan de Dios para la restauración de la nación de Israel. Si los muros no están completos, tampoco lo están los templos. Este trabajo es uno, y es fácil ver por qué. Sin murallas, ninguna ciudad del antiguo Cercano Oriente habría estado a salvo de bandidos, pandillas y bestias salvajes, incluso cuando el imperio estaba en paz. Cuanto más desarrollada económica y culturalmente es una ciudad, más valor tiene y, por tanto, mayor es la necesidad de un muro. Debido a su rica decoración, la ausencia de paredes es particularmente peligrosa para un templo. De hecho, no hay ciudad sin murallas, ni templos sin ciudades.

Por otro lado, la ciudad y sus murallas dependían del templo, la fuente de la provisión de Dios para la ley, el gobierno, la seguridad y la prosperidad. Incluso en términos estrictamente militares, los templos y las murallas son interdependientes. Los muros son una parte esencial para proteger una ciudad, pero también lo es el templo donde mora Jehová (**Esdras 1:3**), y él cancela los planes violentos de los enemigos de la ciudad (**Nehemías 4:15**). Lo mismo ocurre con el gobierno y la justicia. Las puertas de la ciudad son donde se tratan los procesos judiciales (**Deuteronomio 21:19, Isaías 29:21**), mientras que al mismo tiempo el Señor *"hace justicia al huérfano y a la viuda"* de su templo (**Deuteronomio 10:18**) , no hay Dios; sin Dios, no hay fuerza, no hay justicia, no hay civilización, y no hay necesidad de muros. En una sociedad construida sobre el "*pacto y la misericordia*" de Dios (**Nehemías 1:5**), el templo y los muros de la ciudad son uno. Al menos eso es ideal, así que Nehemías ayuna, ora y trabaja.

¿Qué significa confiar en Dios? ¿Orar, actuar o ambas cosas? (Nehemías 1:11 - 4:23)

Al final del capítulo uno, Nehemías se llama a sí mismo "*copero del rey*" (**Nehemías 1:11**). Esto significaba que no solo tenía acceso directo al rey, ya que él era quien probaba y servía el vino, sino que también era un asesor de confianza y un funcionario de alto rango del Imperio Persa. Utilizó su experiencia y posición profesional con gran ventaja en la reconstrucción de los muros de Jerusalén.

Cuando el rey le permitió supervisar el proyecto de reconstrucción, Nehemías pidió escribir a los gobernantes de las áreas por las que debía pasar en su viaje a Jerusalén (**Nehemías 2:7**). En opinión de Nehemías, el rey accedió a la petición "*porque la mano misericordiosa de mi Dios estaba sobre mí*" (**Nehemías 2:8**). Aparentemente, Nehemías no creía que confiar en Dios significaba no buscar la protección del rey para su viaje. Además, por razones de seguridad, le gustaba que lo acompañaran a Jerusalén "*oficiales y jinetes*" (**Nehemías 2:9**).

Las escrituras no indican nada malo con la decisión de Nehemías de buscar y aceptar la protección del rey. De hecho, atribuye esta noble ayuda a la bendición de Dios. Nehemías y Esdras tomaron posiciones muy diferentes sobre este punto. Esdras creía que mostrar su confianza en Dios significaba no pedir la protección del rey, mientras que Nehemías vio la provisión de tal protección como evidencia de la bendición de la mano misericordiosa de Dios. Este desacuerdo muestra cuán fácilmente las personas piadosas pueden llegar a diferentes conclusiones sobre lo que significa confiar en Dios en el trabajo. Tal vez cada uno está haciendo lo que le resulta más familiar. Esdras era un sacerdote que estaba familiarizado con la morada donde Jehová estaba presente. Nehemías era el copero del rey y estaba familiarizado con el ejercicio de la autoridad real. Esdras y Nehemías querían ser fieles a su obra. Ambos son líderes de oración piadosos, pero entienden lo que significa confiar en la protección de Dios de diferentes maneras. Para Esdras, eso significaba viajar sin la guardia del rey. Para Nehemías, esto significaba aceptar la ayuda del rey como evidencia de la bendición de Dios.

En varios lugares, encontramos a Nehemías como una señal de lo que podríamos llamar un "*creyente pragmático*". Por ejemplo, en el **capítulo 2**, Nehemías inspecciona en secreto las ruinas del antiguo muro de la ciudad antes de anunciar sus planes a los habitantes de Jerusalén (**Nehemías 2:11-17**). Claramente, quería saber el tamaño y el alcance del trabajo que emprendería antes de comprometerse públicamente. Sin embargo, después de explicar su propósito al venir a Jerusalén y señalar la mano misericordiosa de Dios, Nehemías fue burlado y reprendido por algunos funcionarios locales y respondió: "*El Dios de los cielos nos hará prosperar*" (**Nehemías 2:20**)... En cierto modo , Dios hizo que esta misión fuera un éxito a través del liderazgo ingenioso y bien informado de Nehemías. El hecho de que el éxito venga del Señor no significa que Nehemías pueda sentarse y relajarse. En cambio, está a punto de embarcarse en una tarea difícil y difícil.

En su liderazgo, Nehemías confió parte de la construcción del muro a varias personas, entre ellas "*Eraheber el sumo sacerdote [y] sus hermanos sacerdotes*" (**Nehemías 3:1**); "*Los tekoanos*" no incluía a los nobles cuya desobediencia a sus supervisores (**Nehemías 3:5 ; 3:8**); "*Salem... los funcionarios de la mitad del distrito de Jerusalén, [y] sus hijas*" (**Nehemías 3 :12**); y muchos más. Nehemías tiene la capacidad de inspirar camaradería y organizar proyectos de manera eficiente.

Pero entonces, como en la historia de Esdras reconstruyendo el Templo, surgieron objeciones. Los jefes de los pueblos locales trataron de frustrar los esfuerzos de los judíos ridiculizándolos, pero *"el pueblo tuvo valor para trabajar"* (**Nehemías 4:6**). Cuando sus palabras no impidieron la reconstrucción de los muros, los líderes locales *"conspiraron para atacar a Jerusalén y perturbarla"* (**Nehemías 4:8**).

Entonces, ¿qué hizo Nehemías que hiciera su pueblo? ¿Orar y confiar en Dios? ¿O brazo para pelear? Como era de esperar, este creyente pragmático los llevó a hacer ambas cosas: *"Oremos a nuestro Dios y cuidémonos de día y de noche"* (**Nehemías 4:9**). De hecho, Nehemías también colocó guardias en lugares especiales cuando aumentó la amenaza para los constructores del muro. Animó a su pueblo a no desfallecer a causa de sus adversarios: *"No les temáis; acordaos del Señor grande y temible, y pelead por vuestros hermanos, vuestros hijos, vuestras mujeres y vuestras casas"* (**Nehemías 4:14**). La gente tiene que luchar por sus creencias. Poco después, Nehemías agregó más palabras de aliento: *"Nuestro Dios peleará por nosotros"* (**Nehemías 4:20**). Sin embargo, esto no significa q ue l os j udíos d epongan l as a rmas y s e c oncentren en construir, apoyándose únicamente en la protección sobrenatural. En cambio, Dios peleará por su pueblo ayudándolos a pelear. Él obrará en ya través del trabajo de su pueblo.

A veces, el comportamiento cristiano parece tener un muro sólido entre la búsqueda activa de nuestros propios planes y la espera pasiva de que Dios actúe. Sabemos que se trata de una dualidad falsa, lo que explica por qué, por ejemplo, la teología cristiana históricamente ortodoxa rechaza la premisa de la Ciencia Cristiana de que el tratamiento médico es un acto de infidelidad a Dios. Sin embargo, a veces es fácil volverse pasivo mientras esperamos que Dios actúe. Si estás desempleado, sí, Dios quiere que encuentres trabajo. Para obtener el trabajo que Dios quiere, debe escribir un currículum, buscar, solicitar trabajos, entrevistarse y ser rechazado docenas de veces antes de conseguir ese trabajo, como todos los demás. Si usted es padre, sí, Dios quiere que disfrute criando hijos, pero también requiere que establezca y haga cumplir límites, que se presente ante sus inconvenientes, discuta temas difíciles con ellos, llore cuando tropiecen, se rompan un hueso o sufran por su culpa. lado cuando sus corazones estén rotos, haga su tarea con ellos, pídales perdón cuando se equivoquen, ofrezca su perdón cuando fallen. El arduo trabajo de Nehemías y sus compañeros nos advierte que confiar en Dios no significa sentarse y esperar que nuestros problemas se resuelvan mágicamente.

Descubriendo el poder de la templanza en el préstamo: reflexiones sobre el temor al Señor (Nehemías 5:1 - 5:19)

———

Los proyectos de construcción de Nehemías fueron amenazados no solo desde afuera, sino también desde adentro. Ciertos nobles y funcionarios judíos ricos aprovecharon los tiempos económicos difíciles para enriquecerse (**Nehemías 5**). Prestaron dinero a otros judíos esperando que pagaran intereses, lo cual estaba prohibido por la ley judía (p. ej., en **Éxodo 22:25**). Cuando los deudores no pagaron sus préstamos, perdieron sus tierras e incluso se vieron obligados a vender a sus hijos como esclavos (**Nehemías 5:5**). Nehemías respondió pidiéndoles a los ricos que dejaran de cobrar intereses sobre sus préstamos y que devolvieran todo lo que habían tomado de sus deudores.

Contrariamente al egoísmo de aquellos que se habían aprovechado de sus compatriotas judíos, Nehemías no usó su posición de liderazgo para aumentar su riqueza personal. A diferencia de sus predecesores, "**por el temor de Dios**" se negó incluso a cobrar impuestos al pueblo para pagar sus propios gastos (**Nehemías 5:14-16**). En cambio, invitó generosamente a muchos a comer en su mesa, pagando estos gastos con sus ahorros personales en lugar de pedir dinero a la gente (**Nehemías 5:17-18**).

En cierto sentido, los nobles y los funcionarios son culpables del mismo dualismo que mencionamos. En lo que a ellos respecta, no esperan pasivamente que Dios resuelva sus problemas. En cambio, están persiguiendo activamente sus propios intereses, como si la vida económica no tuviera nada que ver con Dios. Sin embargo, Nehemías les dijo que sus vidas financieras eran muy importantes para el Señor porque a Él le importaba todo lo social, no solo lo religioso: *"¿No deberían mostrar el debido respeto a nuestro Dios, evitando así el oprobio de las naciones, nuestros enemigos [los deudores judíos fueron vendidos como esclavos por culpa de los nobles]?"* (**Nehemías 5:9**). Nehemías relacionó los problemas económicos (usura) con el temor de Dios.

Los temas de **Nehemías 5**, aunque extraídos de trasfondos legales y culturales muy alejados de los nuestros, nos desafían a pensar en cuánto merecemos personalmente de nuestro estatus y privilegios, e incluso de nuestro trabajo. ¿Deberíamos guardar nuestro dinero en un banco que ofrezca préstamos con intereses, o deberíamos invertirlo en un fondo que incluya empresas con comportamiento cuestionable? ¿Deberíamos aprovechar los beneficios especiales que nos ofrece nuestro lugar de trabajo, incluso si tienen un costo sustancial para los demás? Los mandatos específicos de Nehemías (no cobrar intereses, no confiscar garantías, no vender a la fuerza como esclavos) pueden tener una aplicación diferente en nuestros días, pero una oración subyacente que aún se aplica es: *"Yo Dios, acuérdate de mí para bien, como yo hecho por este pueblo"* (**Nehemías 5:19**). Al igual que con el llamado de Nehemías, el llamado de Dios a los trabajadores de hoy es servir a quienes nos rodean lo mejor que podamos. En la práctica, esto significa que cada uno de nosotros le debe a Dios el deber de cuidar a quienes dependen de nuestro trabajo: empleadores, colegas, clientes, familiares y muchos otros. Es posible que Nehemías no nos haya dicho cómo abordar las situaciones laborales hoy, pero sí nos dijo cómo dirigir nuestras mentes al tomar decisiones. debemos poner a las personas primero.

Dios merece el reconocimiento por Su gran trabajo según Nehemías (Nehemías 6:1 - 7:73)

———

Los problemas externos e internos que enfrentó Nehemías no se limitaron al muro de la ciudad, que tomó solo cincuenta y dos días para completarse (**Nehemías 6:15**). En cuanto a los enemigos de Judá, se dice que "*sus ánimos desfallecieron, porque reconocieron que la obra había sido hecha con la ayuda de nuestro Dios*" (**Nehemías 6:16**). Aunque Nehemías usó su importante posición de liderazgo para motivar y organizar a los constructores, aunque trabajaron incansablemente, y aunque la sabiduría de Nehemías le permitió esquivar ataques y distracciones, creía que era una obra realizada con la ayuda de Dios. Dios obra a través de él y de su pueblo, usando sus dones y obras para lograr los propósitos divinos.

Una Nueva Vida: Avanzando De Acuerdo al Pacto, Con Esdras y Nehemías a la Cabeza Parte Dos (Nehemías 8:1)

Después de completar los muros que rodeaban a Jerusalén, los israelitas se reunieron en la ciudad para renovar su pacto con Dios. Esdras reaparece en este momento, leyendo la ley ante el pueblo (**Nehemías. 8:2-5**). Cuando se oyó la ley, el pueblo lloró (**Nehemías 8:9**), pero Nehemías los reprendió por su tristeza y les dijo: *"Porque hoy es un día santo para nuestro Señor"* (**Nehemías 8:10**). importante es este trabajo al servicio de Dios, también es esencial la celebración. En los días santos, la gente debe disfrutar de los frutos de su trabajo y compartirlo con aquellos que no tienen este placer.

Sin embargo, como lo demuestra **Nehemías 9**, también hay momentos de santo dolor cuando las personas confiesan sus pecados a Dios (**Nehemías 9:2**). Su confesión tiene lugar en el contexto de una lectura extensa de la creación de Dios, comenzando con la creación misma (**Nehemías 9:6**) y continuando a través de eventos claves en el Antiguo Testamento. La deslealtad de Israel hacia Dios explica, entre otras razones, por qué el pueblo escogido de Dios se convirtió en *"esclavo"* de reyes extranjeros, y por qué estos reyes disfrutaron de los frutos del trabajo de Israel (**Nehemías 9:36-37**).

Una de las promesas que hace la gente cuando renueva su pacto con el Señor es la promesa de guardar el sábado (**Nehemías 10:31**). En particular, prometen no hacer negocios en sábado con los *"nativos"* que trabajan ese día. Los israelitas también se comprometieron a cumplir con su responsabilidad de apoyar el Templo y sus trabajadores (**Nehemías 10:31-39**). Esto se logrará dando a los templos ya su personal un porcentaje de los frutos de su trabajo. Ahora, como entonces, el compromiso de dedicar una parte de nuestros ingresos para apoyar "*servicios en el templo de nuestro Dios*" (**Nehemías 10:32**) es un medio necesario para financiar el trabajo de adoración y un recordatorio de que todo de lo que venimos es la mano de Dios

Después de completar su tarea de construir los muros de Jerusalén y supervisar la restauración de la sociedad allí, Nehemías regresó para servir al rey Artajerjes (*Nehemías 13:6*). Más tarde regresó a Jerusalén, donde descubrió que algunas de las reformas que había iniciado estaban progresando, mientras que otras habían sido olvidadas. Por ejemplo, señala que algunos trabajan en sábado (**Nehemías 13:15**). Los funcionarios judíos permitieron que los mercaderes gentiles trajeran sus mercancías a Jerusalén para venderlas en sábado (**Nehemías 13:16**), por lo que Nehemías reprendió a los que violaban el mandamiento del sábado (**Nehemías 13:17-18**). Además, en su pragmatismo habitual, cerró las puertas de la ciudad antes de que comenzara el sábado y las mantuvo cerradas hasta que terminó el sábado. También envió a algunos de sus sirvientes a la puerta para que pudieran decirles a los posibles vendedores ambulantes que se fueran (**Nehemías 13:19**).

Según Nehemías, es imposible responder si los cristianos deben observar el sábado y cómo. Se necesita un diálogo teológico más amplio. Sin embargo, el libro nos recuerda cuán importante era la observancia del sábado para el pueblo del Primer Pacto y la amenaza que representaban los tratos económicos con aquellos que no lo hacían. En nuestro propio entorno, ciertamente es más fácil para los cristianos guardar el sábado cuando los centros comerciales están cerrados los domingos. Sin embargo, nuestra cultura contemporánea de negocios 24 horas al día, 7 días a la semana nos coloca en la posición de Nehemías que requiere una elección consciente y potencialmente costosa del sábado.

Ester

Sobre Ester

El libro de Ester es la historia de un gran ataque de Satanás para exterminar a la raza judía. Dios no se menciona en el libro, pero su ventaja es evidente, ya que coloca a Ester en una posición de influencia para evitar la catástrofe, convirtiéndola en un eslabón clave en su gran plan de redención.

Sus Antecedentes

Esther ha experimentado una tragedia en su vida al quedar huérfana, **Ester 2.7**. Mardoqueo era su guardián, y su espiritualidad resplandecía en el libro, y su promesa al bienestar de **Ester, v. 11**. En cuanto a ella, nunca le dio un momento de tristeza, un modelo de obediencia, v. 20. Ester está tan unida al pueblo de Babilonia que no dudan de su origen judío, **2.10, 20**.

Felizmente, esta fase secreta pasó y ella emergió de las sombras para salvar a su gente. En circunstancias similares, Daniel siempre testificó con valentía, observando estrictamente las leyes y los escrúpulos dietéticos judíos. Hizo falta una crisis para inspirar a Ester, como hizo falta una crisis para animar a José de Arimatea a definirse como un valiente discípulo de Cristo. Recordad las propias palabras de Cristo: *"El que se avergonzare de mí... el Hijo del hombre se avergonzará"*, (**Marcos 8,38**).

A pesar de su dolor y desgana iniciales, se convierte en una pieza importante en la maquinaria de la providencia de Dios. Que esto nos fortalezca. Recuerde que Dios tiene el poder de convertir la tragedia en algo bueno, y nunca permita que los comienzos sin esperanza desalienten su deseo de hacerlo mejor o desalienten su ambición de ser alguien especial para Dios.

Sus nombres significan mucho, **2.7**. Hadasa significa *mirto* y Esther significa estrella. *Mirto* es un símbolo de humildad, Zacarías 1.8 A pesar de su belleza y estatus, Ester siempre tuvo un carácter respetuoso y preocupado por los demás. Su calidad de estrella se hace patente en la entereza que brilla en el cielo oscuro de los celos y las intrigas cortesanas. *"impecable, sencillo y famoso"*, (**Filipenses 2.15**).

Su Belleza

Ester 2 nos cuenta el proceso de elección de una nueva reina para Asuero. La historia es repugnante y reduce el estatus de la feminidad a uno de mercancía y propiedad. (¡Algunas personas se quejan de la actitud de Pablo hacia las mujeres! De hecho, guiado por el Espíritu Santo, otorga a las mujeres una dignidad que no se encuentra en el mundo pagano). El excelente desempeño de Ester la convierte en candidata para el puesto vacante. ¿Está feliz o deprimida? queremos saber.

Sin embargo, hay evidencia bíblica de que aquellos que son particularmente atractivos enfrentan peligros que otros evitan. La hermosa apariencia de José atrae el interés de un merodeador inmoral, (**Génesis 39.6,7**). Sara, Rebeca, Betsabé y Tamar son excepcionalmente bellas, pero en muchos sentidos se ven amenazadas por ellas. Que los hombres guapos y las mujeres hermosas estén atentos. Que aquellos que lamentan su apariencia agradezcan ser protegidos de este peligro, y saber que la belleza espiritual puede cultivarse para agradar a los ojos de Dios, (**1 Pedro 3.4**).

La belleza de Ester fue tan grande que sin más adornos ganó el favor del rey y fue coronada reina, **2.15,17**.

Su Osadía

El complot para exterminar a los judíos se desarrolla en el **Capítulo 3**. Esther está encerrada en el palacio, aislada del mundo real y sin darse cuenta de las propuestas genocidas de **4.5**. Cuando se enteró, su reacción inicial fue no. ¿Qué puede hacer ella para ayudar? ¡Durante treinta días, el rey la ignoró! **5. 11** Hay razones para no hacer nada, así que también hay "*razones*" para que una esposa se niegue a abrirse a sus seres queridos, (**Cantar de los Cantares 5.3**), y "*razones*" para que Nabal se niegue a ayudar a David, (**1 Samuel 25.10,11**). Sin duda, los sacerdotes y los levitas no se preocupaban por los necesitados por motivos religiosos. Serán contaminados, (**Lucas 10.31.32**). ¡Es fácil encontrar razones lógicas para no hacer nada!

Sin embargo, Esther se siente animada por algunas consideraciones. Mardoqueo la desafía a verse a sí misma como vital para el gran plan de salvación de Dios. Este es su fatídico momento. Vino al reino "*para la hora*", **4.14**. Rechazar la ayuda la hará sentir culpable y sufrir ella misma. Si él está absolutamente en silencio, Dios usará otra forma de lograr su propósito, pero su voluntad se hará de todos modos. Su desgana nunca se interpone en el camino de sus planes.

Aplique estos principios a su propia vida. En este punto de la historia, usted también fue designado para un propósito definido. Reconoce que hay una razón para esto y considérate parte integral de la estrategia divina. Como David, sirve a tu propia generación según la voluntad de Dios, (**Hechos 13.36**). Si quieres ser pasivo, acuérdate de Ester, pero también de los cuatro leprosos: "*No vamos bien. Hoy es el día de la buena noticia, y estamos en silencio*", (**2 Reyes 7.9**). "*Él salva a los que son llevados a la muerte... ¿no le entiende el que pesa los corazones?*" (**Proverbios 24.11,12**).

Al igual que Esther, debemos entender que si no asumimos la responsabilidad, alguien más lo hará. Pase lo que pase, Dios llevará a cabo su plan. El samaritano logró lo que otros evitaron, (**Lucas 10.33, 34**). El levita reemplazó al primogénito que no estaba desposado, (**Números 3.12,13**). Porque el pueblo de Dios menosprecia su nombre, el cual él cuidará de engrandecer entre las naciones, (**Malaquías 1.6,11**). El principio es que si no hacemos uno, el otro lo hace. Sé organizado cada vez; asegúrate de que otros no tomen tu corona, (**Apocalipsis 3.11**).

Otro factor pesaba mucho sobre Ester. Mardoqueo enfatizó que los judíos eran su propio pueblo. Le ordena orar por sí misma, **4.8**. El vínculo que la une a aquellos que están amenazados le da coraje. En términos del Nuevo Testamento, ella estaba dispuesta a dar su vida por sus hermanos, (**1 Juan 3:16**). Aquila y Priscila se arriesgan por Pablo, (**Romanos 16.3, 4**), y Epafrodito, (**Filipenses 2.27**). Que la valentía de estos hombres y mujeres nos inspire a ser personas dispuestas a dar y ser dadas por el bien de nuestros hermanos en la fe. Cada uno de ellos es un *"hermano por quien Cristo murió"*, 1 Corintios 8.11. Eran preciosos para él; murió por ellos. Que sean tan preciosos para nosotros que vivamos para ellos.

Antes de que Ester se acerque al rey, se deben hacer preparativos. Invitó a todos los judíos a reunirse y ayunar. Después de separarse de ellos, se comprometió a ayunar en el lugar **4.15,16**. Las emergencias requieren esperar en Dios en lugar de actuar precipitadamente. *"Toda la iglesia"*, (**1 Corintios 14.23**), debe reunirse para orar en tiempos de crisis. Si no puede asistir, apoye la práctica en privado.

Con el apoyo del pueblo de Dios, la valiente Reina actuó y obedeció la voluntad de Dios: *"Si muero, déjame morir"*, 4.16. Se piensa que es algo único, un grano de trigo listo para caer en tierra para morir, (**Juan 12.24,25**). Esta es la actitud de un verdadero discípulo.

Sus Banquetes

Ester celebró discretamente dos fiestas en días consecutivos, una prueba más de la supervisión de Dios. Los errores conducen a situaciones que nunca podrá manipular: el insomnio del rey y su elección de lecturas, **6.1**. El ascenso inmediato de Mardoqueo sentó las bases para su preocupación por su pueblo. Su primera aparición ante el rey demuestra que no tiene por qué tener miedo. ¡Asuero estaba entusiasmado con su banquete! **5.5** Muchas veces la anticipación de un evento es peor que el evento mismo. La ansiedad hacia adelante es inútil y expone una falta de fe; "*Cada día tiene sus propios pecados*", (**Mateo 6.25-34**).

Al día siguiente, se conecta audazmente con el pueblo de Dios: "*Yo y mi pueblo*", **7.4**. Como Moisés, era una posibilidad real sufrir con el pueblo de Dios, pero ella expuso su caso y nuevamente recibió una respuesta positiva. Amán el impío es ejecutado y su vasta fortuna se transfiere a (**Ester, 7.10, 8.1**). Dios honra su compromiso y obediencia. Hacer la voluntad de Dios nunca te hará fracasar; "*Honraré a los que me honran*", (**1 Samuel 2.30**).

Sin embargo, cuando su pueblo esté condenado, la riqueza y la seguridad nunca la satisfarán, por lo que continúa su súplica llorosa ante el rey, **capítulo 8**. Estas súplicas dieron sus frutos, y con Mardoqueo como aliado, se ideó una estrategia de salvación. ley.

Epílogo

Se superó la crisis y se conservó la raza, pero quedó un problema persistente. Los judíos de provincia celebran el evento anual el 14 de Adar, mientras que las ciudades más grandes lo celebran al día siguiente. Esto provocará disturbios. Con el consentimiento de Ester, Mardoqueo resolvió el problema declarando ambas fechas como fiestas nacionales.

Cuando no esté en juego ningún principio bíblico, las preferencias deben acomodarse siempre que sea posible, y nuestros héroes sabiamente evitan posibles conflictos. *Vuestra mansedumbre es conocida de todos* (**Filipenses 4.5**).

Trabajando en un Sistema Roto (Ester 1-10)

El libro de Ester comienza con un gran banquete organizado por el rey Asuero (conocido en la historia no bíblica como Jerjes) para mostrar su esplendor (**Ester 1:1-8**). Después de beber mucho, Asuero ordenó a sus sirvientes que trajeran a la reina Vasti para lucirse y lucirse ante los invitados (**Ester 1:10-11**). Vasti vio la humillación de la solicitud y se negó (**Ester 1:12**). Su negativa desagradó a los hombres presentes, quienes temían que su ejemplo provocaría que otras mujeres del reino se levantaran contra sus maridos (**Ester 1:13-18**). Por lo tanto, se puede decir que Vasti fue "despedida" y comenzó el proceso de encontrar una nueva reina para Asuero (**Ester 1:21-2:4**). Este episodio trata sobre asuntos familiares, pero cada familia real es también un lugar de trabajo político. Entonces, la situación de Vasti también es un problema laboral, donde el jefe usa su condición de mujer para explotarla, y cuando ella no responde como él quiere, la echan.

Mientras el rey buscaba un reemplazo para Vasti, una joven judía llamada Ester terminó en el harén, donde hizo extensos preparativos para que el rey la recibiera en sus aposentos una noche (**Ester 2:8-14**). Desde nuestro punto de vista, está encarcelada en un sistema opresivo y sexista y pronto perderá su virginidad con un tirano egoísta. Sin embargo, ella no fue una víctima pasiva, sino que hizo que el sistema funcionara para su propio beneficio, durmiendo con el rey, guardando silencio sobre la opresión de Vasti y mintiéndole al rey sobre su raza (**Ester 2:20**).

Debido a su extraordinaria belleza, Ester ganó el favor del rey y fue coronada como la nueva reina (**Ester 2:17**). Teniendo en cuenta que los libros de Esdras y Nehemías enfatizan que el matrimonio mixto entre judíos y gentiles está mal (**Esdras 9:1-4; Nehemías 13:23-27**), ella está dispuesta a unirse al harén real y convertirse en heterosexual enseñando a la esposa del rey. es aún más sorprendente) Habiendo leído la confesión y la oración de duelo de Esdras después de saber que algunos judíos se casaron con gentiles (**Esdras 9:13-15**), solo podemos imaginar sus Pensamientos sobre el matrimonio de Ester y Asuero.

El contraste entre la fiel observancia de la ley judía por parte de Esdras y Nehemías y las concesiones religiosas y morales de Ester no podría ser más claro. Esther está dispuesta a hacer lo que sea necesario para tener éxito. Ansiosa por aprovecharse de la desgracia de cualquier otra mujer, está más que dispuesta a someterse a la explotación. El compromiso moral, ya sea tan serio como el de Ester o no, es un denominador común para casi todos los cristianos en el lugar de trabajo. ¿Alguna vez alguien se ha involucrado en un comportamiento éticamente cuestionable en el trabajo? ¿Hay alguien por ahí que esté abusando de otros para su propio beneficio, o que nunca se quede callado cuando un jefe despide a un subordinado para ocultar su incompetencia, o cuando ve que los trabajos más peligrosos y sucios se dejan nuevamente a los extranjeros? ¿Alguna vez alguien ha matizado la verdad para obtener lo que quiere, insinuando que asumió más responsabilidad por eventos pasados de lo que realmente asumió, o fingiendo saber más de lo que realmente sabía en clase o en el trabajo? ¿Más?

Ester entró al palacio con el alto poder e influencia que obtuvo. No parecía interesada en saber si Dios estaba allí con algún tipo de plan o propósito para ella. De hecho, Dios ni siquiera se menciona en el libro de Ester, aunque eso no significa que Dios no tuviera planes o propósitos para ella en la corte de Asuero. Resulta que su primo Mardoqueo era más escrupuloso en la observancia de la ley judía, lo que lo llevó a su posterior conflicto con Amán, el oficial supremo de Asuero (**Ester 3:1-6**). La respuesta de Amán fue conspirar para matar no solo a Mardoqueo, sino a todo el pueblo judío (**Ester 3:7-15**), y cuando Mardoqueo se enteró del complot, le informó a Ester. Aunque todo su pueblo está a punto de ser destruido, ella parece impasible.

La excusa de Ester fue que involucrarse en el asunto podría poner en peligro su posición e incluso su vida (**Ester 4:11**). El rey parecía haber perdido interés en ella y no la había llamado en más de treinta días. Es inconcebible pensar que el rey durmió solo, lo que implica que alguna otra mujer (o mujeres) fue *llamada al rey*" (**Ester 4:11**). Era demasiado arriesgado para Ester intervenir a favor de su pueblo, pero Mardoqueo presentó dos argumentos. Primero, su vida está en peligro, ya sea que él intervenga o no. "*No pienses que puedes escapar entre todos los judíos solo por estar en el palacio real*" (**Ester 4:13**). Segundo, "*¿Quién sabe si en tal ocasión serás reina?*" (**Ester 4:14**). Estos dos argumentos combinados conducen a un cambio de sentido para Ester. "*No me es lícito ir al rey; si perezco, perezco*" (**Ester 4:16**). Una persona que solo quiere mejorar su estatus social y solo se preocupa por sus propios intereses de repente está dispuesta a arriesgar su vida por los intereses de los demás.

Tenga en cuenta que los dos argumentos de Mardoqueo se refieren a dos aspectos diferentes. El primero implica la autoconservación. Tú, Esther, eres judía, y si ordenas el asesinato de todos los judíos, eventualmente serás encontrada y asesinada. La segunda forma de decir se refiere al destino, que tiene el significado de obra divina. Esther, si te preguntas por qué, de todas las chicas, terminaste como la esposa del rey, tal vez sea porque tienes un propósito más grande en la vida. El primer argumento parece básico, mientras que el segundo parece noble. ¿Cuál de los dos provocó el cambio en Esther?

Quizás ambos argumentos de Mardoqueo tenían la intención de cambiar la opinión de Ester. El primer paso es la identificación. Al final, Ester se identificó con su pueblo. En este sentido, ella da los mismos pasos que dio Jesús cuando nació para identificarse como humano. Quizás este paso, dado con egoísmo en el caso de Ester, es lo que abrió su corazón a la voluntad de Dios.

- El segundo paso es el servicio. Ahora, al darse cuenta de que su pueblo está en peligro mortal, Ester arriesga su propio estatus, fortuna y vida interviniendo ante el rey. Su posición privilegiada se convierte en una forma de servir, en lugar de servirse a sí misma. Aunque su historia comienza con incredulidad y desobediencia, Dios usó a *Ester no menos de lo que usó a Esdras y Nehemías, dos grandes ejemplos morales. Los servicios de Ester se adaptan al lugar de trabajo actual de varias maneras:*

- Muchas personas, cristianas o no, hacen concesiones morales en la búsqueda del éxito profesional. Ahora que todos estamos en la situación de Ester, todos tenemos la oportunidad y la responsabilidad de dejar que Dios nos use pase lo que pase, a pesar de nuestra historia de fracaso moral. ¿Ha tomado atajos para encontrar su trabajo? Aun así, Dios lo usará para pedir el fin del engaño en su lugar de trabajo. ¿Está utilizando los activos de la empresa de forma indebida? Aun así, Dios puede usarlo para limpiar su departamento de registros falsificados. La hipocresía del pasado no es excusa para no obedecer lo que Dios requiere de ti ahora. El hecho de que hayas usado mal las habilidades que Dios te dio en el pasado no significa que debas creer que no puedes usarlas ahora para los buenos propósitos de Dios, y Ester es un ejemplo para todos los que no alcanzamos la gloria de Dios. Así que no digas: "*Si supieras cuántos atajos inmorales tomé para llegar aquí. Dios no puede usarme ahora*".
- Dios usa nuestras circunstancias de vida actuales. La posición de Ester le dio una oportunidad única de servir a Dios. La posición de Mardoqueo le dio diferentes oportunidades.

Debemos aprovechar las oportunidades especiales que tenemos; en lugar de decir: "Haría algo grande para Dios si tuviera la oportunidad", debemos decir: "*Tal vez llegué a este puesto para tal ocasión*".

- Nuestra situación es espiritualmente peligrosa. Podemos comenzar a hacer que nuestro valor y nuestra existencia dependan únicamente de nuestro estatus. Cuanto más privilegiados son, mayor es el peligro. Ester dejó de verse a sí misma como una niña judía y comenzó a verse solo como la Reina de Persia. Hacerlo nos convierte en esclavos de factores que escapan a nuestro control. Si ser un director ejecutivo, tener o mantener un buen trabajo se vuelve tan importante que dejamos de lado todo lo demás, nos hemos perdido.

Servir a Dios implica arriesgar nuestra posición. Si usa su posición para servir a Dios, corre el riesgo de perder su posición y sus posibilidades futuras. Esto es doblemente aterrador si te identificas con tu trabajo o carrera. Sin embargo, la verdad es que si no servimos a Dios, nuestra posición también se ve amenazada. La situación de Esther era extrema porque sabía que si intervenía y se arriesgaba a perder su puesto, la podrían matar, y si no lo hacía, la matarían a ella también. ¿Es nuestra posición más fuerte que la de Esther? Como dijo Jim Elliot, no es tonto renunciar a lo que no puede conservar para ganar lo que no puede perder. De hecho, el trabajo hecho al servicio de Dios nunca se pierde.

Para Esther y los judíos, la historia tiene un final feliz. Ester se arriesgó a acercarse al rey sin ser invitada y aun así ganó su favor (**Ester 5:1-2**). Con un plan astuto, ella lo engatusó en el transcurso de dos fiestas (**Ester 5:4-8; 7:1-5**) y manipuló a Amán para que expusiera su hipocresía en el asesinato de los judíos (**Ester 7:6-10**). El rey anuló la sentencia contra los judíos (**Ester 8:11-14**), y recompensó a Mardoqueo y Ester con riqueza, honor y poder (**Ester 8:1-2; 10:1-3**). Ellos a su vez mejoraron la situación de los judíos en el Imperio Persa (Ester 10:3). Amán y los enemigos de los judíos fueron sacrificados (**Ester 7:9-10; 9:1-17**), y los días de salvación de los judíos —el 14 y el 15 de Adar— se conocieron en adelante como Purim. (**Ester 9:17-23**).

El Poder Divino y la Reacción Humana: Descubriendo el Misterio de lo Que Está Escondido (Ester)

Como mencionamos antes, no hay mención de Dios en el Libro de Ester, a pesar de esto, es un libro de la Biblia. Por lo tanto, los comentaristas buscan la presencia oculta de Dios en Ester y, a menudo, señalan el versículo clave: *"¿Quién sabía que en tal ocasión tú serías reina?"* (**Ester 4:14**). La implicación es que llegó tan lejos no por suerte o destino, ni por su propio engaño, sino por la voluntad de un actor invisible. Aquí podemos ver la escritura sagrada en la pared. Como afirman Esdras y Nehemías (**Esdras 8:18; Nehemías 2:18**), Ester alcanzó su trono gracias a *"la mano misericordiosa de Dios [sobre ella]"*.

Esto nos desafía a pensar en cómo Dios obra de maneras que no reconocemos. Cuando una empresa secular elimina los sesgos de promoción y grado de pago, ¿Dios está trabajando allí? Cuando un cristiano puede luchar contra las prácticas contables fraudulentas, ¿debe declarar que lo hace porque es cristiano? Si los cristianos tienen la oportunidad de unirse a judíos y musulmanes para defender un espacio religioso legítimo en la corporación, ¿deberían verlo como obra de Dios? Si pudieras hacer el bien aceptando un trabajo en un gobierno político plagado de compromisos, ¿Dios te está llamando a aceptar el trabajo? Si enseñas en una escuela que te lleva al límite de tu conciencia, ¿deberías encontrar la manera de dejar ese trabajo o deberías esforzarte más para permanecer en ese lugar?

Conclusiones de los Libros Esdras, Nehemías y Ester

Los libros de Esdras, Nehemías y Ester tienen varias cosas en común. Las tres obras son relatos relativamente cortos de eventos que ocurrieron durante el reinado del Imperio Persa. Los tres involucraron al rey persa y otros funcionarios del gobierno. Los tres libros se centran en las actividades de los judíos en su intento de avanzar en un entorno que, en muchos sentidos, es hostil a su creencia en Dios. Los tres dan testimonio del hecho de que un rey persa podría ayudar al pueblo judío en sus esfuerzos por sobrevivir y prosperar. Los tres tienen líderes importantes cuyas acciones son modelos a seguir. Y los tres libros muestran a personas en el trabajo, lo que a su vez nos ofrece la oportunidad de reflexionar sobre cómo estos textos dan forma a nuestra percepción del trabajo y su relación con Dios.

Sin embargo, los tres libros presentan una amplia división de opiniones sobre cuestiones clave. Esto es cierto incluso en Esdras y Nehemías, que originalmente eran dos partes de un mismo libro. En el libro de Esdras, la confianza en Dios requiere que las personas crucen territorios peligrosos sin la guardia del rey. En Nehemías, la oferta del séquito real se ve como evidencia de la bendición de Dios. Esdras representó lo que podría llamarse "*fe idealista*", mientras que Nehemías mostró "fe pragmática". En Ester, la mano de Dios está escondida, revelada principalmente en el hábil uso que hace Ester de su inteligencia y su posición de servicio al pueblo. Su confianza puede llamarse "*confianza sagaz*".

Sin embargo, Esdras y Nehemías comparten puntos de vista similares sobre la obra de Dios en el mundo. Dios está involucrado en la vida de todas las personas, no solo de sus elegidos. Dios tocó los corazones de los reyes paganos y los guió a Su voluntad. El Señor motiva a Su pueblo a dedicarle su trabajo, usando una variedad de líderes poderosos y voces proféticas para cumplir Su voluntad. En el libro de Esdras, Dios usó a un sacerdote fiel para reconstruir su templo. En Nehemías, Dios usa a un laico fiel para reconstruir los muros de su capital. En el libro de Ester, Dios usa a un judío inicialmente distraído y comprometido para salvar al pueblo judío del genocidio. A juzgar por los tres libros, Dios obra en todo el mundo y usa el trabajo de todo tipo de personas.

Don't miss out!

Visit the website below and you can sign up to receive emails whenever Sermones Bíblicos publishes a new book. There's no charge and no obligation.

https://books2read.com/r/B-A-ALQN-MPIGC

BOOKS2READ

Connecting independent readers to independent writers.

Did you love *Analizando la Enseñanza del Trabajo en Esdras, Nehemías y Ester: Una Mirada al Pasado para Orientar nuestras Futuras Labores*? Then you should read *Analizando Notas en el Libro de Mateo: Cumplimientos de las Profecías del Antiguo Testamento*[1] by Sermones Bíblicos!

[2]

El Libro de Mateo es el primer libro del Nuevo Testamento. **Esta obra cristiana relata la vida y los hechos de Jesús desde su nacimiento al regreso de su resurrección en una serie de discursos, parábolas y eventos.** Está escrito por el apóstol Mateo quien fue testigo presencial de muchas de las narraciones que aquí relata. Este libro nos ofrece numerosas enseñanzas y prédicas sagradas. Jesús ayudando a sus compañeros a entender plenamente los principios de salvación trae consigo comentarios acerca del amor compasivo, muchos han sido

---

1. https://books2read.com/u/bMRZeX

2. https://books2read.com/u/bMRZeX

inspirados profundamente con estas tiernas reflexiones especialmente la *"Ora pro nobis"* oración, el famoso *"Sermón Del Monte"* así como otros importantes mensajes incluyendo parábolas las cuales nos ejercitan para tener fe y creer aun cuando todo se ve difícil, también encontramos grandes lazos morales y conceptos significativos sobre lo que es el verdadero reino de Dios justicia y prerrogativas divinas. El Libro de Mateo nos invita a un viaje espiritual lleno de simples instrucciones para vivir un life style lírico basado en la noción católica idealista principio religiosidad básica junto con ideas detalladas para nuestra perfección humana. Por lo tanto, el Libro de Mateo no sólo nos ofrece conocimiento sino también sabiduría, fortaleza e inspiración para seguir caminando fielmente los caminos cristianos planteados.

Also by Sermones Bíblicos

Estudiando El Tabernáculo de la Biblia
El Tabernáculo: Descripción de sus Componentes
Principios Bíblicos para una Iglesia: Ilustrados por El Tabernáculo
El Tabernáculo: En el Desierto y las Ofrendas
El Tabernáculo: Las Ofrendas Levíticas, el Sacrificio de Expiación
El Tabernáculo: Un santuario Terrenal

Estudio Bíblico Cristiano Sobrevolando la Biblia con Enseñanzas de la Sana Doctrina
Estudio Bíblico: Génesis 1. La Creación en Seis Días
Estudio Bíblico: Génesis 2. Estatutos de la Creación
Estudio Bíblico: Génesis 3. La Caída del Hombre
El Tabernáculo: En el Nuevo Testamento
Estudio Bíblico: Génesis 4. Aconteció Andando el Tiempo; Presente, Tributo, Oblación
Estudio Bíblico: Génesis 5. El Mensaje que Dios tiene para Nosotros en esta Genealogía
La Historia de Noé: Su Entorno, Su Experiencia, El Mandato y El Pacto
Estudio Bíblico: Sana Doctrina Cristiana: Introducción a la Biblia

Analizando Notas en el Libro de Lucas: El Amor Divino de Jesús
Revelado
Analizando Notas en el Libro de Juan: La Contribución de Juan a las
Escrituras del Nuevo Testamento

Profecías Bíblicas

Perfíl Profético: La Última Semana
Claras Palabras Proféticas: La Profecía Hecha Historia
Perspectiva de la Profecía: El Próximo Gran Acontecimiento
Desarrollo Profético de Dios: Las Señales de los Tiempos
Profecía Cronológica: Las Cosas que Sucederán en la Tierra
Seis Días Proféticos en la Biblia

Sermones de C. H. Spurgeon

La Procesión del Dolor

Standalone

Símbolos en la Biblia: Animales, Colores, Minerales, Naciones, Lugares,
Números, Pisos, Ceremonias, Utensilios, Vestimenta
Notas en los Cuatro Evangelios: Comentario Bíblico
Profécias de la Biblia: Los Próximos Grandes Acontecimientos
Himnos del Evangelio
El Tabernáculo en la Biblia: Como Enseñar el Tabernáculo

About the Author

Esta serie de estudios bíblicos es perfecta para cristianos de cualquier nivel, desde niños hasta jóvenes y adultos. *Ofrece una forma atractiva e interactiva de aprender la Biblia,* con actividades y temas de debate que le ayudarán a profundizar en las Escrituras y a fortalecer su fe. Tanto si eres un principiante como un cristiano experimentado, esta serie te ayudará a crecer en tu conocimiento de la Biblia y a fortalecer tu relación con Dios. Dirigido por hermanos con testimonios ejemplares y amplio conocimiento de las escrituras, *que se congregan en el nombre del Señor Jesucristo Cristo en todo el mundo.*

About the Publisher

Editor

Elvis A. Betancourt T. 4135 Stoney Creek Dr., Lincolnton, NC 28092 *elvisbetancourtt@gmail.com*

Contáctenos

Preguntas y comentarios generales: *seminitt25@gmail.com*

* 9 7 9 8 2 1 5 3 7 0 4 9 0 *